48.2617.

[Par Gillet-Boula]

MÉMORANDUM

A L'USAGE DE MM. LES DÉPUTÉS

QUI SIÉGENT AU CENTRE DE LA SALLE.

PRIX : 60 CENTIMES.

CHEZ LES MARCHANDS DE NOUVEAUTÉS.

MÉMORANDUM, ETC., ETC.

Si l'on a reproché à M. de Villèle la lenteur qu'il a mise à déclarer la guerre à l'Espagne, on ne peut lui adresser le même reproche sur celle qu'il a déclarée à la Charte et au crédit public ; ce qui pourrait faire croire que ce Ministre pense que, lorsqu'il est question d'arrêter une révolution, on en a toujours le temps ; mais qu'il n'en faut pas perdre quand il s'agit d'en faire une dans la constitution et les finances d'un état.

On a beaucoup écrit sur les deux projets de loi présentés aux Chambres. Bien des gens pensent qu'on a tout dit à cet égard ; il me semble, cependant, que l'on n'a pas encore envisagé ces deux questions sous des points de vue très-importans.

La réduction proposée des cinq pour cent *consolidés*, est injuste, illégale, inexécutable : c'est quelque chose.

La septennalité, dans l'état incomplet de nos institutions politiques, est dangereuse pour la prérogative royale : c'est encore quelque chose, et quelque chose de très-sérieux.

Pour imiter M. de Villèle, allons au plus pressé ; traitons premièrement la question de finances. Nous viendrons, ensuite, à la question de la septennalité.

« Craint-on de *s'égarer sur les traces d'Alcide ?* »

Il serait à souhaiter que l'on eût conservé aux cinq

pour cent la dénomination de *tiers consolidé*; elle eût peut-être rappelé à M. le Ministre des finances que le capital des 5 francs que le Trésor-Royal paie aux créanciers de l'Etat, était originairement de 3oo fr., et que les prêteurs ou leurs héritiers, porteurs d'un contrat en rente *perpétuelle* constituée à cinq pour cent, ne reçoivent en réalité que 1 et 2/3 pour cent du capital qu'ils ont versé dans les coffres de l'Etat pour subvenir à des besoins urgens. M. le Ministre des finances, qui a vivement sollicité le roi d'Espagne de reconnaître l'emprunt des Cortès, n'eût probablement pas proposé au Roi de France une nouvelle réduction sur une rente déjà réduite de cinq pour cent à 1 et 2/3 pour cent par un des gouvernemens révolutionnaires qui ont précédé le rétablissement de la royauté. Le gouvernement révolutionnaire qui opéra cette révolution eut la pudeur de *consolider* la partie du capital et de la rente qu''il n'envahissait pas, c'est-à-dire, qu'il les déclara non-rachétables; le mot *consolider* ne peut avoir d'autre signification en finances.

M. le Ministre des finances n'ignore pas que c'est une révolution dans le droit de propriété qui a fait les plaies que le Roi veut fermer. Qu'est-ce donc qui a pu le déterminer à proposer au Roi d'indemniser les émigrés aux dépens d'une classe de ses sujets qui, ainsi que les émigrés, ont été dépouillés d'une partie de leur fortune, et n'ont pas profité des confiscations auxquelles la révolution a donné lieu. Ce serait cependant aux dépens des propriétaires de rentes sur l'Etat que les émigrés seraient indemnisés, si le projet de réduction de l'intérêt du *tiers consolidé* était adopté. C'est l'Etat qui a reçu le produit des biens confisqués et vendus ; c'est l'Etat qui doit les rembourser. C'est d'après ce principe, conforme à la justice, que l'on a restitué aux émigrés la partie de leurs biens qui n'étaient pas vendus au moment de la restauration.

M. le Ministre des finances est tellement convaincu de ces vérités, que, pour justifier la réduction de la rente, il suppose que tous les créanciers de l'Etat ont acquis au cours de 54 à 88. Ce motif spécieux ne pourrait faire quelque impression qu'autant qu'il serait fondé sur le fait ; et le fait est loin d'être prouvé. M. le Ministre des finances n'a pas de fréquentes occasions de voir les petits rentiers, et il est obligé de voir souvent les joueurs à la baisse et à la hausse, puisqu'il a tant à cœur de réprimer l'agiotage. Si, comme je le crois, il existe des porteurs de rentes sur l'Etat qui ont déjà subi la réduction de 3 et ⅓ prononcée par le gouvernement révolutionnaire, ne serait-il pas juste de faire une exception en leur faveur ? Et puisque M. le Ministre des finances se félicite, avec raison, d'avoir emprunté à 89 ¼ les 400 millions qui ont servi à rétablir Ferdinand VII dans la plénitude de son pouvoir, est-il bien juste, dans sa manière même de raisonner, de réduire à 4 pour cent l'intérêt d'un capital prêté à 5 pour cent, et cela avant l'expiration de la première année. Plusieurs de ces prêteurs ont donné depuis 90 jusqu'à 100 francs pour recevoir 5 francs et non pas 4 pour cent d'intérêt. Ce ne sont point les prêteurs qui ont profité de cette différence ; ce sont les Banquiers avec lesquels M. le Ministre des finances a traité, et les agioteurs pour lesquels il a une aversion décidée, et qui n'oseront plus se montrer à la Bourse quand le rente sera réduite à quatre pour cent.

On a si bien senti que la réduction de la rente n'était pas très-conforme à la justice, que l'on a essayé de prouver qu'elle était *légale* ; et pour cela on invoque un article du Code Civil, qui, malheureusement pour les avocats du projet de loi, ne peut s'y appliquer. Si, par hasard, parmi les Députés qui siégent au centre de la Chambre il s'en trouvait quelques-uns qui eussent contracté dans les sessions précédentes l'habitude de voter avec le ministère, nous les invitons à lire les observations suivantes.

L'article 1911 du Code Civil porte, il est vrai : « La rente constituée en perpétuel est essentiellement rachetable ». Heureusement pour les créanciers de l'Etat, un homme de bien, touché de l'injustice de la réduction proposée, a lu avec attention le Code Civil, et y a trouvé, article 2, ces mots qui décident la question sous le rapport de la légalité.

« La loi ne dispose que pour l'avenir ; elle n'a point d'effet rétroactif (1) ».

C'est aux avocats de la mesure proposée par M le Ministre des finances à prouver que la publication du

---

(1) *Du bon droit et du bon sens en finances.* 1824 , chez les libraires du Palais-Royal.

Code Civil est antérieure à la réduction des deux tiers du capital fourni par les prêteurs, à la condition expresse que le tiers que l'on voulait bien leur laisser ne serait pas remboursable, et porterait à jamais, à tout jamais, intérêt à 5 pour cent : car, encore une fois, *consolidé* ne peut avoir une autre signification en finances.

Mais, le Code Civil n'eût-il pas reconnu le principe d'éternelle justice, « que la loi n'a point d'effet rétroactif », la publication du Code civil fût-elle antérieure à la conversion de la rente *constituée* en rente *consolidée*, par cela seul que les cinq pour cent ont été déclarés *consolidés*, ils ne sont plus constitués, ils sont exceptés de l'article 1911, et ne peuvent être réduits. En admettant, donc, ce qui est très-douteux en justice rigoureuse, qu'un contrat de cette nature entre le gouvernement et des particuliers doive être assimilé à un contrat entre des particuliers, les cinq pour cent *consolidés* ne peuvent être réduits à quatre pour cent.

Qui n'aperçoit, en effet, au premier coup d'œil, l'avantage de position du gouvernement débiteur qui s'établirait juge de la demande qu'il forme contre son créancier? Le ministre proposant la loi, les Chambres l'adoptant, et le Roi la sanctionnant, la nature et l'effet d'un contrat civil seraient jugés par le Roi et les Chambres; la puissance judiciaire serait réunie à la puissance législative, ce qui est contre l'essence même du gouvernement représentatif, fondé sur la séparation des trois pouvoirs qui régissent la société.

Et qu'on ne vienne pas citer l'exemple d'un peuple voisin qui, je l'avoue, est plus avancé que nous en matière de liberté et de finances. La clause de *perpétuité* n'est point stipulée dans les emprunts que fait le gouvernement britannique ; les Anglais n'attachent point au mot *consolidés* qu'ils donnent à l'une de leurs rentes, l'idée que nous avons dû attacher à nos cinq pour cent. Chez eux, *consolidés* signifie seulement, que les rentes à trois pour cent ne seront certainement remboursées que les dernières ; et l'intérêt de l'argent ne devant, selon toute probabilité, jamais tomber au-dessous de trois pour cent, les Anglais ont donné aux rentes que l'Etat paie à ce taux, l'idée de perpétuité qu'emporte nécessairement le mot *consolidés*.

L'article 1911 du Code Civil n'est donc point applicable aux cinq pour cent *consolidés*.

M. le ministre des finances avait également annoncé que notre ancienne législation autorisait le rachat des rentes constituées en perpétuel ; et cependant M. le rapporteur de la commission n'a pu découvrir qu'un édit de 1763, qui *réserve* à l'Etat la faculté du remboursement. Cette faculté que l'état s'est *réservée* expressément par l'édit de 1763, prouve, ce me semble, qu'il se l'est interdite dans toutes les créations de rentes où cette *réserve n'est pas expressément stipulée*. Cette réserve expresse faite par l'édit cité a dû frapper la Chambre, car il n'est pas un seul de ses membres qui ne sache que les exceptions confirment la règle générale ; et si M. le rapporteur ne l'a pas dit, c'est qu'il a cru inutile de répéter cette vérité devenue triviale. Je ne veux pas le soupçonner d'avoir voulu faire une malice à M. le ministre des finances.

C'est, sans doute, pour faire preuve d'une scrupuleuse exactitude à rechercher toutes les lois qui pouvaient étayer les assertions de M. le ministre des finances, que M. le rapporteur a parlé du décret rendu par la Convention en 1793.

A cette époque désastreuse de notre histoire, les hommes qui dévoraient les ressources de la France, comptaient au nombre de leurs expédiens de finances les assasinats juridiques qu'ils commandaient aux tribunaux qu'ils avaient institués ; et le président du comité des finances disait avec une joie féroce, en voyant passer les victimes : « Nous battons monnaie » sur la place de la révolution. » Et M. le rapporteur ne cite encore qu'une loi de ce temps-là, qui lui paraît favorable aux assertions de M. de Villèle. Mais les Comités de 1793 n'ayant pas eu le temps d'exterminer tous les porteurs de rentes sur l'État, ceux qui ont échappé au massacre, ont dû croire que l'intérêt de 1 et $\frac{2}{3}$ pour cent du capital qu'ils avaient prêté au Roi de France avant la révolution, ne serait plus réduit, puisque le gouvernemen revolutionnaire même a déclaré que ce 1 et $\frac{2}{3}$ serait consolidé, et se trouvait ainsi hors de l'atteinte du fameux article 1911, lequel ne réfutera rien aux yeux de MM. les députés du centre, qui n'ont pas encore pris l'habitude de voter avec le ministère : car, il ne faut pas se lasser de le répéter, cinq pour cent *consolidés* signifie : rentes *constituées en perpé-*

tuel à cinq pour cent, réduites à 1 et ⅔ *pour cent*, mais déclarées *non-rachetables, non-réductibles.*

« Quiconque a beaucoup lu, doit avoir beaucoup retenu ». Il est donc à-peu-près certain que la grande majorité de la Chambre connaît l'origine de la constitution des rentes en perpétuel. Elle sait que par une fausse interprétation des saintes écritures, et peut-être aussi un peu par haine contre les Juifs, qui ont toujours eu la manie de prêter, on confondait autrefois l'intérêt de l'argent avec l'usure : ce qui fit imaginer aux jurisconsultes de ce temps-là un moyen de concilier les saintes écritures et les besoins de l'agriculture et du commerce. Par une fiction de la loi, le capital était censé aliéné; l'argent était comparé à un immeuble produisant un revenu, qu'on nomma intérêt. De-là la faculté accordée à l'emprunteur de garder à perpétuité le capital qui lui avait été prêté. A mesure que les hommes se sont éclairés, qu'ils n'ont vu dans les saintes écritures que ce qui y était; qu'ils se sont convaincus que l'on pouvait être bon chrétien, tout en favorisant les progrès de l'agriculture et du commerce, ils ont pensé que l'argent était une marchandise qui avait son prix comme toutes les autres marchandises; il a été permis d'en tirer un intérêt, sans pour cela faire l'usure; cet intérêt a été fixé par les lois; et les hommes qui avaient épargné une partie des fruits d'un long travail dans des professions utiles à la société, ont pu prêter leurs épargnes à ceux qui en avaient besoin pour défricher des terres, élever des manufactures, établir des colonies, et venir au secours de l'Etat dans les momens de crise où ses revenus ordinaires ne suffisaient pas aux dépenses d'une guerre, et aux calamités imprévues qui entrent dans les décrets de la providence. De-là est née cette classe respectable de citoyens connus sous le nom de *rentiers*, dont le sort touche si peu les indépendans du département du Bas-Rhin.

Des notions plus vraies sur la nature du prêt en argent ayant prévalu, la législation a dû changer, et la loi a dû rendre aux prêteurs la faculté de limiter la durée du prêt. La loi qui a déclaré la rente *constituée en perpétuel* rachetable, est donc juste; mais elle n'est point applicable au projet de loi que la Chambre discute: 1° parce que le Code civil déclare que les lois n'ont point d'effet rétroactif; 2° parce que la rente *constituée* a été déclarée *consolidée*, et que l'on peut consolider ce qui n'est que constitué, mais que l'on ne peut plus constituer ce qui est consolidé. Or, le projet de loi constituerait à quatre pour cent une rente *consolidée* à cinq pour cent, et donnerait aux successeurs de M. de Villèle, à M. de Villèle lui-même qui ne songe nullement à donner sa démission, le droit de *constituer* à trois pour cent une rente *consolidée* à cinq pour cent et *reconstituée* à quatre pour cent. Ainsi, de constitution en constitution, nous finirions par n'avoir plus rien de constitué; c'est peut-être où l'on en veut venir, mais ce à quoi on n'arrivera point aussi long-temps qu'il existera une Chambre des Pairs et une Chambre des Députés indépendantes du ministère.

Je m'adresse à MM. les Députés qui siégent au

centre de la Chambre, parce que je suis convaincu de la vérité de l'ancien adage : *In medio stat virtus.* *Virtus* signifie « force, raison, vertu »; et je crois que toutes ces qualités se trouvent toujours réunies dans ce que l'on appelle le centre de la Chambre, lors même qu'il se borne à demander l'ordre du jour. Si j'osais me permettre d'offrir un conseil à ces Députés que je porte dans mon cœur tout Français, je les engagerais à rester assis quand on mettra aux voix l'adoption du projet de loi portant réduction des cinq pour cent *consolidés.* C'est une manière polie de le rejeter. Le Roi d'Angleterre en use ainsi quand il n'approuve pas les projets de loi présentés à la sanction royale. « Le Roi s'avisera »; dit le clerc chargé de faire connaître la volonté royale. Les hommes qui se sont donné beaucoup de peine à rédiger une loi, méritent des égards. Il n'y aurait rien d'étonnant à ce que M. de Villèle se fût trompé, puisque MM. Baring, Ruschild et Lafitte partagent son opinion; et quand un Ministre a pour lui l'opinion désintéressée d'un des premiers banquiers d'Angleterre, du premier Baron israélite des temps modernes, et d'un des plus zélés défenseurs de la Charte française, il lui est bien permis de risquer un projet de loi de finances.

Je m'adresse à MM. les Députés qui siégent au centre de la Chambre, parce que M. le Ministre des finances les a placés dans un cercle vicieux en invoquant à l'appui de son projet de loi, le Code Civil, l'Edit du Roi, et le Décret de la Convention qui, loin de prouver que l'Etat a le droit de réduire une rente déjà réduite de 5 pour cent à 1 et ⅔ pour cent, et *consolidée* à ce taux, prouvent, au contraire, que l'Etat ne peut sans injustice réduire encore cette rente.

Enfin, je m'adresse à MM. les Députés qui siégent au centre de la Chambre, parce qu'il est reconnu que le soleil est au centre du monde planétaire dont nous faisons partie : ainsi, c'est du centre que vient la lumière qui éclaire le monde. Les nuages que le discours du Ministre des finances, celui du rapporteur de la Commission, et l'article du *Moniteur* ont créés, peuvent intercepter un moment les rayons de notre luminaire, mais qu'il se lève pour demander seulement l'*ajournement à la session prochaine*, et les rentiers sont sauvés, les lois et les engagemens solonnels exécutés, la morale publique et l'humanité satisfaites.

M. le Ministre demande à la Chambre d'adopter « les limites dans lesquelles il propose « de se circonscrire et dans lesquelles il pourra » agir ; et au moyen des latitudes qu'il deman- « de ; il garantit le succès de l'opération. » L'unique limite que la Chambre doit lui prescrire, est de le contraindre à rembourser tous les porteurs de rente qui voudront être remboursés. La seule latitude qu'on puisse lui accorder est de persuader à ces porteurs de rente, quand ils se présenteront au Trésor Royal, qu'il leur est plus avantageux de recevoir 4 pour cent d'intérêt que d'en recevoir 5. Quant à la garantie personnelle que M. le

Ministre offre du succès de la conversion, il faudrait qu'il fût étrangement susceptible si on lui déclarait qu'elle est illusoire.

Si M. le ministre désire réellement *des limites* qu'il ne puisse franchir, et s'il se contente de *latitudes* ordinaires, pourquoi s'opiniâtre-t-il à ne pas publier les conditions de son traité avec des banquiers qui, comme lui, ne veulent que le bien des rentiers ? Qu'est-il résulté du refus réitéré qu'il a fait de soumettre ce traité à la Chambre ? Les malveillans ont fait circuler le bruit qu'un dédit de quatorze millions avait-été stipulé en faveur de ces banquiers dans le cas où son projet de serait pas adopté. De semblables bruits ne font point d'impression sur les hommes sensés, mais elle peut en faire sur des rentiers inquiets, qui accusent le ministre d'être injuste et cruel à leur égard.

Le ministre des finances nous a dit, d'abord, que les fonds remboursés aux porteurs des rentes seraient employés à l'accroissement de l'agriculture et du commerce. Il faudrait, pour obtenir cet effet, que les produits de notre sol et de nos manufactures ne fussent pas suffisans pour les demandes qu'on en fait; et je crois, au contraire, que nos denrées et les produits de notre industrie éprouvent en ce moment une stagnation fâcheuse. Le ministre disait à la Chambre, samedi dernier, que la plus grande partie des rentiers aimera mieux laisser ses fonds dans les fonds publics, que de se jetter dans les embarras d'un nouveau placement; mais que *plusieurs* demanderont le remboursement.

Et « cette chance possible a nécessité l'abandon aux
» compagnies du bénéfice de la réduction jusqu'au
» 1er janvier 1826 ; moyennant quoi, elles sont enga-
» gées à faire face à toutes les demandes en rembour-
» sement, et nous pouvons assurer à la chambre qu'elles
» possèdent tous les moyens de les remplir. »

Si, comme on le prédit, *plusieurs* rentiers seulement demandent leur remboursement, il est probable
que les compagnies auront *tous les moyens* de les
rembourser. Mais, dans ce cas, pourquoi faire un
mystère impénétrable des conditions du traité ? Si,
malgré *les prévisions* du Ministre, la plus grande partie des rentiers demande à être remboursée, comment
s'est-il flatté que la Chambre l'en croirait sur parole,
quand il dit que, « les compagnies possèdent tous les
» moyens de rembourser trois milliards. » Je suis per-
suadé que MM. les Députés qui siégent au centre demanderont des explications, et seront convaincus, si
le Ministre persiste à les refuser, que son projet de loi
est inexécutable. Ils demanderont au Ministre des explications sur les contradictions manifestes dans lesquelles il est tombé en cherchant à prêter à son plan
un appui moral ; ils lui demanderont pourquoi il
disait, d'abord, que la réduction de la rente mettrait
fin à l'agiotage, et pourquoi il a dit, quelques jours
après, que : « L'émission de trois pour cent fera affluer
« sur notre place les capitaux étrangers, *attirés par*
« *les chances d'un accroissement avantageux.* »
Cela signifierait-il que les limites dans lesquelles
M. de Villèle veut bien se circonscrire, sont la faculté

de disposer de cinquante-six millions pris sur les rentiers pour les donner à des compagnies de banquiers? Que les latitudes qu'il demande, sont d'offrir aux étrangers des chances nouvelles d'accroître leurs capitaux en les plaçant dans nos fonds? Mais, alors, que devient la garantie donnée par M. de Villèle, que la réduction qu'il propose arrêtera l'agiotage en donnant de la fixité à la rente? Supposons qu'un capital étranger de 75 francs « attiré par la chance d'un accroissement avantagenx », s'élève à 100 francs; M. de Villèle, pour être conséquent, proposera, s'il est encore ministre, la réduction de la rente à 3 pour cent. Les étrangers voudront être remboursés, et emporteront plus de capitaux qu'ils n'en auront apportés. Il paraît que M. de Villèle avait compté sur *la fixité de la rente*, et que les compagnies auxquelles il garde si fidèlement le secret, comptent sur *un accroissement avantageux de leurs capitaux.*

Si la réputation d'intégrité de M. de Villèle n'était pas aussi bien établie qu'elle l'est, on serait tenté de soupçonner qu'il affecte toutes ces contradictions pour faire croire qu'il n'entend rien aux manœuvres de la Bourse.

IMPRIMERIE DE GOETSCHY, RUE LOUIS-LE-GRAND, N° 27.